AF306136

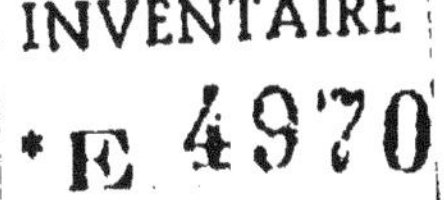

OBSERVATIONS

SUR LE

GOUVERNEMENT

REPRÉSENTATIF

SUIVIES

D'UN APERÇU SUCCINCT

SUR

L'ORIGINE ET LE PRINCIPE DE LA SOUVERAINETÉ

Prix : 1 fr. 50 c.

PARIS

E. DENTU, LIBRAIRE-ÉDITEUR

PALAIS-ROYAL, GALERIE VITRÉE, 13

1854

OBSERVATIONS

sur le

GOUVERNEMENT REPRÉSENTATIF

PARIS. — TYPOGRAPHIE SIMON RAÇON ET C', RUE D'ERFURTH, 1.

OBSERVATIONS

SUR LE

GOUVERNEMENT

REPRÉSENTATIF

SUIVIES D'UN

APERÇU SUCCINCT

SUR

L'ORIGINE ET LE PRINCIPE DE LA SOUVERAINETÉ

PARIS

DENTU, LIBRAIRE-ÉDITEUR

PALAIS-ROYAL, GALERIE VITRÉE, 13

1854

DISCOURS PRÉLIMINAIRE

Si l'histoire n'est, comme on l'a dit, qu'*une fable convenue*, cette sentence ne paraît pas devoir se rapporter à l'histoire de la Révolution française. Les faits qui caractérisèrent cet immense événement, la publicité qui les accompagna, les calamités qui en furent la suite, ne permettront pas à l'esprit de parti de pervertir le jugement plus calme de la postérité. Les matériaux nombreux et irréfragables que des écrivains consciencieux ont recueillis révéleront la vérité dans tout son jour. Les histoires romanesques publiées dans les temps modernes, dans l'intention de flatter les passions, d'exalter les bienfaits de la révolution sociale et politique, de justifier, ou même de préconiser les auteurs des crimes d'une époque désastreuse, seront ensevelies dans l'oubli et perdues en grande partie, tandis que les documents sérieux et les pièces authentiques seront conservés et consultés. La postérité jugera sans appel; car il viendra un temps où l'expérience aura fait connaître les résultats définitifs et irrévocables de l'œuvre présomptueuse des législateurs improvisés qui, en 1789, convertissant les états généraux du royaume en une assemblée constituante, imposèrent à la France une constitution utopique, qui fut bientôt suivie de plusieurs autres du même genre.

La tourmente qui agite la société en Europe est attribuée, à juste titre, à l'esprit philosophique, qui, depuis longtemps, s'est ingéré dans le domaine de la politique. La philosophie, ayant la discussion pour objet principal, ne saurait

s'élever à la hauteur d'une croyance et d'une foi solide; les systèmes politiques qu'elle prétend fonder n'acquièrent aucune stabilité ; et les controverses, en démolissant les diverses doctrines constitutionnelles, sapent les fondements du gouvernement, dont elles entraînent inévitablement la chute.

La démocratie, drapeau de tout le parti philosophe qui suit la carrière de la politique, n'est pas interprétée de la même manière par les nombreux adorateurs de cette idole du jour; chaque parti veut la définir et l'introniser à sa guise. Du sein de cette doctrine démocratique se sont élevés deux partis opposés, dont l'un a voulu la modifier par l'aristocratie électorale de la richesse, l'autre la conserver dans toute sa pureté par le suffrage universel. De cette lutte des opinions et des intérêts provinrent de grands troubles, une guerre acharnée, enfin des catastrophes révolutionnaires!

Quels qu'aient été les divers modes et formes de gouvernement institués par les doctrinaires constitutionnels, pour mettre en œuvre les spécieuses théories du libéralisme, leurs essais n'ont abouti, jusqu'ici, qu'à des dénoûments qui paraîtront un jour tragi-comiques.

Le principe de la souveraineté du peuple, prêché dans le *Contrat social* de J.-J. Rousseau, repose sur une abstraction métaphysique sans aucune valeur intrinsèque. Le peuple, dans une acception générale, comprend l'humanité entière. L'ensemble des mortels est donc, comme être collectif, le seul souverain légitime sur la terre. Le genre humain serait en droit de délibérer en commun, de se constituer régulièrement, de former des tribus distinctes, de tracer les limites territoriales de chacune. Mais, lorsque les peuples seront ainsi divisés, deviendront-ils indépendants les uns des autres? Chacun d'eux se gouvernera-t-il librement, sans l'intervention des autres? Toutes les nations auront-elles des droits égaux? Vivront-elles en paix ou en guerre? Quel sera le mode d'élection le plus propre à rendre manifeste la volonté de la majorité des citoyens actifs? Cette volonté du peuple exercera-t-elle une puissance sans bornes? Une constitution est-elle un contrat entre les gouvernants et les gouvernés, ou bien est-elle une convention entre les hommes eux-mêmes selon le droit personnel et souverain de chacun? Comment et par qui seront exercées les fonctions de la souveraineté? Sur tous les points qui concernent un sujet si étendu, il ne se rencontre qu'incertitude, contradiction et divergence d'opinions.

.Le système imaginé et développé par le citoyen de Genève admet une hypothèse dont l'histoire ne fournit aucun exemple : « Il faut, dit-il, qu'une nation, pour se former, commence par se réunir dans une délibération générale et unanime, par laquelle chacun des citoyens met en commun sa personne et toute sa puissance, sous la suprême direction de la volonté générale, et devienne, par cet acte d'association, partie indivisible du tout, et que la souveraine autorité réside dans l'expression de la volonté du peuple. »

A cette première maxime Rousseau ajoute une seconde fiction ; il prétend que : « Les individus, abdiquant leur volonté personnelle, transmettent, par la majorité des votes, à un certain nombre de représentants, toute leur puissance, leurs moyens, pour contraindre la minorité à obéir aux ordres de leurs représentants législateurs. »

Toutefois il advint, lors de la fondation de la République une et indivisible de 1793, comme en juillet 1830, en février 1848, de même qu'en Allemagne et en Italie, que les piques et les mousquets tinrent lieu de la délibération générale et unanime du peuple. La violence jouant alors le rôle de la majorité, c'est au système de la terreur que conduisent, en dernière analyse, les théories démocratiques, toujours impuissantes dès qu'il s'agit d'établir un mode électoral exempt de fraudes, de brigues et d'intrigues. Au fond, le principe de l'égalité et de la liberté suppose, avant tout, des conditions qui ne se rencontrent jamais :

1° L'existence d'un peuple unanime dans ses principes politiques;

2° La liberté entière des votes individuels;

3° L'absence complète des comités électoraux ;

4° La vertu, le calme de la raison, le patriotisme de tous les citoyens;

5° La sagesse, la force morale, le désintéressement, comme apanage commun à tous les membres de la majorité parlementaire.

Dès que ces conditions n'existent pas, le contrat social n'offre qu'une doctrine qui, n'étant point une vérité de fait, ne doit inspirer aucune confiance. Le singulier amalgame de vérités et d'erreurs que renferme ce livre prétentieux est un genre d'argumentation propre à l'esprit et au caractère du philosophe génevois, dont l'art et le talent consistent à présenter ces idées contradictoires comme autant de preuves et de raisons suffisantes à l'appui de son système paradoxal.

La souveraineté a une source plus ancienne, plus sacrée que les prescriptions de la raison humaine : elle dérive de la Providence divine, qui en règle les principes parfaits, les saints devoirs et le but. La sagesse des lois et la prudence des actes qui émanent du pouvoir souverain forment le caractère essentiel et distinctif de tout gouvernement légitime, quelle qu'ait été l'origine primitive de ce pouvoir. L'autorité légitime se manifeste spécialement dans l'accomplissement du devoir formel de veiller au maintien de la justice et de l'ordre. Or, les devoirs étant réciproques, la société contracte dès lors l'obligation de rendre à César ce qui est à César, suivant le précepte de l'Évangile.

Les illustres guerriers, investis de la puissance suprême par la permission et la grâce de Dieu, ont fondé les empires, institué des lois pour réprimer les crimes et les iniquités, et faire éclore et développer les germes de la civilisation. La Providence n'a pas attendu, pour établir sur la terre des gouvernements réguliers, que la philosophie humaine vînt enseigner au monde les nouveaux dogmes de l'élection populaire et de l'égalité des droits.

Le *Contrat social* de J.-J. Rousseau est un ouvrage remarquable en ce que dans cet écrit a été, pour la première fois, posé et précisé, dans un ensemble logique, le problème de la souveraineté du peuple, dont les doctrinaires rationalistes recherchent et poursuivent avec persévérance la solution dans les constitutions modernes. Voici les termes dans lesquels l'auteur énonce cette bizarre proposition qui, depuis 1789, a fait fortune, et rendu populaire sur le continent de

l'Europe le constitutionnalisme libéral : « Trouver une forme d'association qui défende et protége, de toute la force commune, la personne et
les biens de chaque associé, et par laquelle
chacun, s'unissant à tous, n'obéisse pourtant
qu'à lui-même et reste aussi libre qu'aupa-
ravant. »

Les idéologues, tels que Royer-Collard et
beaucoup d'autres, ont appuyé, de toute la
magie de leur talent oratoire, cette proposition
métaphysique de l'aliénation totale des droits
de chaque associé à toute la communauté.

Le pacte social se réduit donc à cette simple
expression : « Chacun de nous met en commun
sa personne et toute sa puissance sous la suprême direction de la volonté générale, et nous
recevons en corps chaque membre, comme partie
indivisible du tout. A l'instant, cet acte d'association (intitulé la *Charte*) produit un corps
moral et collectif (dit la *Nation*), composé d'autant de membres que l'assemblée a de voix, lequel reçoit de ce même acte son unité, son moi
commun, sa vie et sa volonté. Ce corps politique
sera appelé État, quand il est passif ; Souve-

rain, quand il est actif; Puissance, à l'égard des étrangers. »

Laissons à **J.-J. Rousseau** le mérite d'avoir exposé, avec la franchise d'un républicain, les preuves et les clauses du pacte ou contrat social, telles que son esprit rêveur les représentait à son imagination. Malheureusement les constitutionnels, trop fidèles à ses leçons, se mirent à l'œuvre à plusieurs reprises pour rédiger les constitutions de différentes manières. Ainsi, assemblée nationale, chambre héréditaire, pairie à vie, chambre législative, division et contrôle des pouvoirs, monarchie constitutionnelle, république démocratique, lois d'élection, lois de la presse, etc., etc., tout fut mis à l'essai. Toutefois il ne fut pas en leur pouvoir de donner au constitutionnalisme quelque stabilité, et ils ont pu voir, sans doute avec regret, la France applaudir, en 1851, à la chute de ce régime comme à un bonheur public.

Quel sera, dans quelques années, le sort des autres États constitutionnels sur le continent de l'Europe, comme l'Espagne, le Portugal, le Piémont, la Toscane, la Belgique, la Bavière,

le Wurtemberg, la Prusse, la Saxe, le Hano-
vre, Baden et Darmstadt? Les faits répondront à
cette question d'une manière plus catégorique
que toutes les savantes dissertations des publicistes.

C'est à tort qu'on a souvent cité, comme
preuve de l'excellence du système parlementaire,
les républiques anciennes et modernes, et surtout l'Angleterre, dont la puissance et les richesses sont en effet parvenues à un très-haut degré;
mais *Comparaison n'est pas raison*, dit le pro-
verbe. La constitution anglaise, jusqu'à l'époque
des réformes qu'elle a subies depuis quelques
années, était une puissante oligarchie gouver-
nant la royauté, tandis que les constitutions modernes du continent portent le caractère d'une
démocratie représentative, sous la dénomination
de monarchies constitutionnelles. On a également cité l'exemple des États-Unis d'Amérique,
dont les forces et la puissance se sont rapidement
développées depuis un demi-siècle; ce laps de
temps est trop court pour prouver la stabilité des
institutions démocratiques qui régissent ces pays.
Cette belle colonie devait sa naissance et ses

premiers progrès à la protection de la métropole qui l'avait créée, et dont elle a secoué le joug lorsqu'elle n'avait plus besoin d'appui.

Le principe de la souveraineté du peuple fut le prétexte, le mot d'ordre, la bannière, plutôt que le vrai motif de l'insurrection américaine; et si ce principe triompha, ce fut par l'intervention des armées du monarque français, qui ne prévoyait pas les malheurs que son imprudence devait attirer sur sa famille et son royaume.

L'Amérique indépendante est devenue une grande puissance fédérative; l'étendue de son territoire et l'agglomération d'États et de nationalités diverses dont cette république est composée excluent chez elle la centralisation gouvernementale; mais, lorsque la rivalité des intérêts aura amené des conflits et des guerres inévitables, l'avenir du nouveau monde n'échappera pas aux péripéties qu'entraînent sans cesse la fortune et les circonstances.

Les républiques de l'Italie et de la Suisse n'avaient pas pour base le système représentatif: elles étaient des gouvernements aristocratiques ou des oligarchies. Les sept petits cantons catholiques de la Suisse sont les seuls États démocratiques que l'on puisse citer.

Quant aux républiques qui existaient anciennement à Rome et dans la Grèce, on y voit la domination des familles patriciennes et des citoyens libres en regard de l'esclavage des artisans de tous les métiers. Il n'était point alors question d'idées, ni de principes de libéralisme et d'égalité. A Athènes, à Sparte, comme à Rome, la démocratie était loin de signifier les droits naturels de l'homme : les citoyens libres, les chevaliers romains et les patriciens formaient trois classes privilégiées. Les esclaves, privés de liberté et même de protection, ne faisaient pas partie de la société. Le gouvernement était essentiellement oligarchique. Le sénat romain exerçait la souveraineté, non comme le représentant, mais comme le tuteur du peuple, son pupille, qui avait ses tribuns pour défenseurs de ses intérêts. La république était désignée par l'expression : *Senatus populusque Romanus.* Le sénatus-consulte était la loi souveraine.

En matière politique, toute similitude que la philosophie cherche à établir entre l'antiquité et l'état actuel de l'Europe manque d'exactitude, et n'offre qu'un vaste thème de fausses comparaisons et de conjectures peu fondées. Les événements fortuits et les combinaisons infinies que présentent les actions des hommes font que l'avenir ne saurait jamais devenir la reproduction du passé.

Les gouvernements sont tristement tombés dans le cours de l'année 1848. Le règne des Césars, prédit par M. Romieu dans un écrit plein de sagacité, ne tardera pas à succéder aux imprudents essais de républiques démocratiques. Toutefois, aucune analogie précise ne saurait exister entre l'ancien et le nouveau césarisme. L'empire romain avait hérité de la république tout un système d'administration et d'institutions anciennes. Les classes prépondérantes de la société étaient elles-mêmes intéressées à l'établissement d'une autorité militaire et souveraine, qui, faisant cesser les discordes et les troubles civils, leur garantissait la conservation de leur haute position, ainsi que des privi-

léges qui s'y rattachaient, comme Virgile disait :
« *Deus nobis hæc otia fecit.* »

Pendant plus de trois cents ans, il n'y eut, pour gouverner un si grand État, qu'un seul empereur, qui ne montait sur le trône, ni par l'hérédité, ni par l'élection, mais par la puissance et l'autorité militaire, à laquelle il était déjà parvenu. La victoire était un titre légitime, reconnu par le sénat même. La mort était le sort réservé à tout concurrent malheureux. Plus tard, Rome et Constantinople devinrent les résidences de deux empereurs, et deux capitales d'un même empire, dont le sénat représentait moralement l'indivisibilité. Sans l'invasion de tant de peuples barbares qui entraînèrent sa chute, l'état politique de ce vaste empire, dont la religion catholique, devenue dominante, adoucissait les mœurs, pouvait subsister encore quelque temps sur le même pied que par le passé ; le gouvernement, occupant militairement toutes les provinces, les retenait dans l'obéissance. Il n'en sera plus de même dans l'Europe actuelle, qui compte beaucoup de souverains et de puissances rivales, dont l'ambition naturelle aspire à l'agrandissement de leurs États, sans cependant que leur autorité ait pour appui la fidélité de leurs propres sujets.

Le césarisme, ayant pour unique principe la nécessité des temps actuels, ne saurait avoir une bien longue durée. Après des guerres assez prochaines et des bouleversements inévitables, sa tendance empressée d'arriver finalement à la monarchie, et la force impérieuse des choses, le porteront à transiger avec les nationalités sur d'autres et de meilleures bases que le système représentatif; car l'hérédité de la couronne sera toujours à ce prix.

CHAPITRE PREMIER

DE L'INSUFFISANCE
DES THÉORIES POLITIQUES ET GOUVERNEMENTALES
DU DIX-NEUVIÈME SIÈCLE

Une triste et fatale erreur, dans laquelle sont
tombés les politiques de l'école moderne, a été de
vouloir soumettre les événements, l'art de la politique et la société elle-même aux dogmes de
l'idéologie philosophique. Ces théoriciens, attachés à leurs principes, optimistes par caractère,
sont restés dans la ferme conviction que le monde
doit s'assujettir au système de gouvernement
fondé sur leur doctrine de prédilection. Le champ

2

de la politique est devenu, sous leur empire, une arène ouverte aux rhéteurs, aux sophistes, aux publicistes, aux romanciers, aux journalistes, dont les imprudentes déclamations ont exalté l'insatiable ambition de la démagogie. Les doctrinaires ne sont-ils pas, eux-mêmes, la cause des malheurs qu'ils déplorent et des fréquentes révolutions qu'ils n'ont pu détourner, lorsqu'ils tenaient en mains les rênes de l'État et présidaient à la législation?

Le gouvernement de la tribune et le régime de la liberté politique ont rendu les peuples le triste jouet des habiles conspirateurs : tel a été, jusqu'ici, le fruit du système utopique de la souveraineté populaire. Ne serait-il pas permis d'espérer que ces mêmes peuples auront un jour le bon sens d'abdiquer un vain titre, sans vérité comme sans profit? Les événements n'ont que trop fait voir l'instabilité de ces constitutions éphémères, qui se métamorphosent avec une merveilleuse facilité.

La Révolution de 1789, passant ainsi par diverses phases, n'arrive à aucun dénoûment. Les efforts tentés à plusieurs reprises par les chefs

d'un parti modéré et honnête, dans le but de respecter les dogmes proclamés en 1791, au nom desquels la Révolution s'était accomplie, et de les concilier avec l'ordre et la sécurité du gouvernement, furent des entreprises manquées. Entraînés dans ces dangereuses théories, ils avaient conçu l'espoir de restreindre la portée et de prévenir les conséquences extrêmes du principe démocratique, pour arriver à un juste milieu. Trop confiants dans leurs talents et leur éloquence, ils ne craignaient point de louvoyer entre les écueils, sans prévoir le naufrage inévitable du vaisseau.

Les constitutionnels se figurent qu'il suffit de transformer un principe en une loi écrite, pour lui donner de la vie et de la consistance ; leur idée fixe est qu'une charte votée et décrétée devient l'objet d'un culte public; qu'une assemblée représentative possède une force, une vertu singulières ; et que, dans la liberté de la presse, dans les luttes parlementaires, se trouve le remède à tous les abus, le gage le plus sûr de la tranquillité et du bonheur public.

Louis XVIII, imbu de ces mêmes idées, se

faisait illusion lorsqu'il prétendait fermer l'abîme des révolutions par l'octroi d'une charte modelée sur le système anglais, sans aucune des institutions oligarchiques sur lesquelles reposait, depuis des siècles, le gouvernement d'Angleterre.

Au retour du roi, en 1814, la France, fatiguée de la Révolution et des longues guerres, était royaliste, la Chambre de 1815 en est une preuve; après l'ordonnance du 5 septembre de la dissolution de cette Chambre, dite *introuvable*, elle devint constitutionnelle : *Regis ad exemplum*, et finit enfin par abolir la légitimité dynastique et jusqu'à la royauté même.

Il est malheureusement une grande et triste vérité, que, dans les temps où nous sommes, il importe de reconnaître et de signaler : c'est que les gouvernements actuels, quels qu'ils soient, n'ont plus d'autre moyen que la force matérielle, pour prolonger quelque temps leur existence. Leur règne est uniquement fondé sur de volumineux bulletins de lois, d'ordonnances, de règlements administratifs et financiers, sur un système de centralisation et de bureaucratie, et sur les plus habiles mesures de police générale. Mais il est de fait qu'ils n'ont point de racines dans le sol de la patrie, qu'ils ne trouvent point d'appui dans la population, parce qu'il n'existe aucune des institutions permanentes, capables de maintenir l'harmonie et l'union dans la nation, de prévenir les chocs dirigés contre l'État par des bandes de conspirateurs hardis, ou de s'opposer à toute agression et empiétement, que le pouvoir souverain, en quelques mains qu'il soit, est trop souvent tenté de faire contre les droits et les intérêts nationaux.

Ce n'est point en revisant et en modifiant les constitutions représentatives que le problème de la politique trouvera une dernière et durable solution. Ces remaniements de la législation ressemblent au travail des Danaïdes, et ne rempliront jamais le vide qui a été fait en démolissant l'édifice social.

Le peuple ne forme plus un corps de nation dès qu'il n'est qu'une agglomération de familles isolées, soumises au gouvernement central des hommes politiques élevés au pouvoir.

Louis XIV avait dit : « *L'État, c'est moi !* »
L'Assemblée nationale de 1848, osant davantage, proclama à la face de la France : « *La
Nation, c'est moi !* » En effet, le principe constitutionnel par lequel, suivant l'expression de
l'éloquent orateur que nous avons déjà cité, du
doctrinaire Royer-Collard, la société entière
passe dans un gouvernement, entraîne la conséquence de l'omnipotence parlementaire. Malheureusement cette fausse conception a passé dans
la pratique, et c'est ainsi qu'au despotisme monarchique a été substitué le despotisme constitutionnel. Les abus de ce régime sont devenus de
plus en plus frappants : les finances de l'État sont
dissipées par des dépenses toujours croissantes ;
les impôts s'élèvent en pleine paix au delà des besoins réels. Les journaux et l'opposition elle-
même sont souvent, au grand détriment du bien
public, une pure spéculation financière. Ce qui
est plus triste encore, c'est que la corruption est
un rouage du gouvernement, un artifice, une
nécessité de la politique, un moyen adroit d'intrigues ministérielles. Les parlements s'arrogent,
au nom du peuple, une souveraineté, temporaire

à la vérité, mais cependant absolue ; et, pour
maintenir les populations dans l'obéissance, ces
gouvernements se trouvent dans la fatale nécessité d'avoir recours à la force des armées régu-
lières, qui forment aujourd'hui le seul pivot de
l'autorité. Mais être toujours armé de pied en
cap, avoir à repousser les attaques d'une opposition systématique, à surveiller les conspirations,
à réprimer les hostilités d'une presse turbulente,
ou à combattre des révoltes et des soulèvements
fréquents, est, il faut en convenir, le plus triste
des systèmes politiques qu'on ait pu concevoir,
car c'est un état antisocial.

La force morale devient un mot vide de sens,
et la loi reste sans appui quand l'amour des nou-
veautés et du changement domine les esprits. Il
arrive souvent que, dans les moments les plus
critiques, les moyens de défense s'évanouissent
comme par enchantement ; le fantôme qui représentait la souveraineté disparaît, sans laisser de
grands regrets. Le gouvernement passe en d'autres mains ; mais le système reste avec tous ses
défauts. Aucun remède n'est apporté au plus
grand mal de notre époque, à cette décomposi-

tion et désorganisation sociale, qui n'a laissé sur le sol qu'une table rase.

On regrette, par préjugé, ce que les coutumes et les institutions du passé pouvaient avoir d'utile et de bon. Nous comprenons dans l'ensemble de ces institutions les diverses classes, les différents états dans lesquels la société était divisée. Les membres faisant partie des corporations d'arts et métiers jouissaient de priviléges spéciaux; des règlements disciplinaires les astreignaient à des devoirs réciproques, mais en même temps assuraient à chacun d'eux les secours directs et éclairés de l'assistance mutuelle. Tous ces différents états, ces professions et corporations, formaient, dans leur ensemble, la hiérarchie sociale du corps de la nation, dont le souverain n'était point, comme aujourd'hui, le représentant, le fondé de pouvoir; mais plutôt l'allié, le soutien et le défenseur. — La constitution organique de la société était un fait irrévocable. — Cette grande famille politique, formant un tout indivisible, puisait sa force, son indépendance, son inviolabilité, dans la réalité de son existence nationale. — Les révolutions, les changements de dynasties, les conquêtes, n'altéraient en rien, n'ébranlaient pas les fondements de cette civilisation européenne. Cependant le temps a miné, affaibli peu à peu ce vieil édifice, qui, violemment abattu d'un coup de foudre révolutionnaire, a disparu pour faire place au régime de la liberté, de l'égalité, et à l'idée grandissante du radicalisme et du communisme. Mais les malheurs publics, toujours croissants, feront éprouver un jour la nécessité du retour à des institutions analogues aux besoins de la vie des peuples civilisés (1).

(1) M. J.-J. Thonissen, professeur à la Faculté de droit de l'Université catholique de Louvain, a dit, dans un savant ouvrage intitulé : *le Socialisme depuis l'antiquité*, imprimé à Louvain en 1852 :

« L'idée doit être combattue par l'idée... Il faut opposer une propagande d'ordre, de religion, de paix, de morale et de progrès sage à cette propagande de désordre, d'anarchie et de spoliation qui s'agite au sein des classes les plus nombreuses, et par conséquent les plus puissantes ; il faut éclairer l'intelligence et moraliser le cœur du prolétaire ! »

Ce remède, qu'il propose comme le plus efficace pour vaincre le socialisme, ne paraît pas être suffisant. Il serait dangereux d'exagérer l'utilité de cette propagande d'ordre et de s'en tenir

Ces idées paraîtront le comble de l'utopie, parce qu'elles sont en opposition à l'esprit du siècle et au système moderne de l'égalité civile et politique; cependant, que les doctrinaires se rassurent à cet égard, elles deviendront un jour populaires, leur réalisation sera lente, mais inévitable. Un temps viendra où elle sera reconnue indispensable; alors beaucoup de difficultés, plus apparentes que réelles, pourront être surmontées. Une législation habile parviendra à régulariser et à perfectionner les coutumes anciennes, qui avaient dégénéré en abus et étaient devenues sans utilité.

Depuis quelque temps une opposition prononcée se manifeste contre le parlementarisme : et, en se développant davantage, elle amènera, non pas une révolution subite et improvisée, mais un nouveau système politique auquel elle travaille, sans avoir encore là-dessus une idée claire et ar-

à cet unique moyen : il faut opposer à un mal effectif plus que des sermons de morale et de sagesse ; c'est à la reconstruction de l'état social qu'il s'agit surtout de travailler, afin de secourir les prolétaires dans leur détresse.

rêtée. Ce ne sera pas l'ancien régime de 1789, ni le moyen-âge, mais plutôt l'établissement des bases et des principes sur lesquels l'ordre et l'autorité pourront trouver un appui solide. Tout annonce une époque de transition. L'utopisme dévoilé s'éteint insensiblement. La voix des philosophes s'est montrée impuissante à diriger le monde. La réaction politique et religieuse, heureusement commencée, entraînera à sa suite la jeune génération ; et les gouvernements, pour se consolider, suivront l'impulsion de cette nouvelle opinion publique.

L'industrie et le commerce sont aujourd'hui portés à un si haut point, qu'ils ne peuvent plus se soutenir longtemps à la même hauteur : le moment de la décadence approche. L'Europe n'est pas en guerre ; mais plus que jamais elle est sur le pied de guerre. Une telle paix n'est que factice. Tôt ou tard l'intempérie des saisons occasionnera des disettes, d'autant plus terribles que les populations sont plus nombreuses. La richesse actuelle des nations ne contribue pas au bonheur des masses prolétaires, l'Angleterre en est un exemple assez frappant. La classe ouvrière, en France, éprouve déjà le besoin de sortir, par des associations libres, de l'état d'isolement auquel elle est condamnée par une législation plus dure que libérale. L'invention de tant de nouvelles machines, qui enrichit les fabricants, fait le malheur des familles pauvres, auxquelles on a enlevé par là un travail qui leur était assuré. Les gouvernements voient la nécessité de venir au secours des ouvriers ; mais les moyens qu'ils emploient ne sont que des palliatifs impuissants pour guérir une plaie si profonde.

Sous le régime actuel de la concurrence industrielle existe à la vérité l'égalité des droits, et par conséquent là possibilité éventuelle d'acquérir de grandes richesses ; mais cette liberté de l'industrie ne profite et ne peut profiter qu'à quelques-uns, tandis que les intérêts journaliers d'une foule d'individus ne sont garantis ni protégés par aucune mesure de sage prévoyance. Les classes ouvrières ont de la peine à se procurer, au jour le jour, les moyens de subsister, et ne peuvent souvent subvenir aux besoins de leur famille.

De graves inconvénients se sont fait sentir par suite de l'état d'isolement auquel les ouvriers sont livrés, sans surveillance et sans protection. La misère a pris, d'année en année, un rapide accroissement. Le dernier essai qui restait à faire, dans l'espoir de prolonger le règne du libéralisme industriel, a été de centraliser dans le gouvernement jusqu'à la charité fraternelle, et d'ériger la libéralité en une loi politique. Mais ce beau projet suppose l'établissement d'une branche d'administration qui étende une surveillance attentive sur toutes les misères, et distribue équitablement des secours, dont le montant incalculable des sommes ne pourrait être couvert par l'impôt.

L'article 13 de la Constitution de la République française de 1848 attribuait à l'État le devoir de distribuer l'assistance publique sur la plus vaste échelle. La société, ce qui signifie aujourd'hui le gouvernement, s'engageait envers le prolétariat à employer dans les travaux publics les bras inoccupés, à fournir l'assistance aux enfants abandonnés, aux infirmes et aux vieillards sans ressources. L'Assemblée constituante, montrant dans cet article un grand esprit de philanthropie, n'épargnait pas les plus belles promesses au sujet de l'enseignement gratuit, de l'éducation professionnelle, de l'égalité des droits et des rapports entre le patron et l'ouvrier. Ces promesses, plus faciles à faire qu'à tenir, ne furent point remplies. Et puis, c'est en vain qu'on cherche à persuader au peuple que sa position est fort heureuse, sous une législation qui lui accorde tous les droits politiques, desquels cependant il ne peut se nourrir. D'ailleurs, cette égalité de droits et de rapports existe-t-elle réellement entre celui qui travaille douze heures par jour pour avoir de quoi subsister et celui qui fait travailler pour s'enrichir? La théorie peut être spécieuse, mais il n'en revient à l'ouvrier, pour sa part, que des souffrances et de la misère.

A défaut et dans l'impossibilité d'ériger une caisse des pauvres, la charité volontaire est encouragée par les gouvernements, et la mendicité a pris un développement qui jusqu'ici n'avait rien eu de pareil.

Sous l'influence qu'une fausse philanthropie exerce, depuis plus de soixante ans, sur la politique, la paix publique fut trop souvent troublée : le sang des citoyens a coulé dans des rixes fréquentes et des combats fratricides, sur tous les points du territoire. Le peuple français n'a joui d'un repos assuré ni sous la Monarchie constitutionnelle de 1791, ni sous la République terroriste de 1793, ni sous le gouvernement du Directoire et des deux Chambres de 1795, pendant les guerres civiles, ni sous la Charte octroyée en 1814, ni sous la Monarchie constitutionnelle de 1830. Enfin la République démocratique de 1848 fut le plus éclatant triomphe des sociétés secrètes.

Quoique dans le texte de la Constitution promulguée le 4 novembre 1848 les termes et la doctrine du socialisme aient été écartés à dessein, le germe de la démocratie absolue resta néanmoins déposé dans la loi fondamentale ; et si le mot *sociale*, comme adjectif de *république*, a été omis, si l'on a opposé des entraves à l'œuvre des socialistes, l'esprit de cette secte révolutionnaire est pourtant loin d'être étouffé. Au fond le socialisme ou communisme, n'étant pas de nature à être parachevé d'un jour à l'autre, prend d'année en année plus d'étendue, d'influence et d'accroissement. En le comprimant on ne le détruira pas.

Les gouvernements enlacés depuis longtemps, sans en connaître le danger, dans les filets de la philanthropie politique, ont eux-mêmes ouvert la voie, et permis au dogme du communisme de se produire. Ce serait une fâcheuse illusion de croire que le péril est passé, depuis la déroute momentanée du parti le plus exalté. Cette doctrine, conséquence logique du principe de l'égalité, s'est répandue parmi d'innombrables adeptes. C'est un ennemi toujours aux aguets, une pensée révolutionnaire qui renferme et couve un danger permanent. Il n'y a, du reste, aucune prévision à faire, quant à la nature des procédés violents, à l'extension, à la forme que prendrait, aux phases qu'aurait à parcourir le règne de la démagogie radicale. Pendant un temps plus ou moins long, les théories gouvernementales disparaîtraient de la scène politique ; le principe de

la subordination se trouvant aboli, la force publique manquerait d'organisation régulière ; la
souveraineté n'existerait plus ; la guillotine
même ne gouvernerait pas la France, comme
sous le régime de la Terreur : mais des bandes
sauvages se disputeraient le pillage des villes et
des campagnes.

Les contemporains n'apprécient pas encore
suffisamment quelle est la véritable cause des
troubles et des changements dont ils sont les té-
moins ; ils attribuent assez généralement cette
série de révolutions improvisées à l'impéritie, à
l'imprévoyance ou aux fausses mesures des chefs
du gouvernement, à l'irréligion, à l'ignorance
des hommes du peuple. Ils accusent la persévérance des factieux et des conspirateurs dans la
poursuite de leurs pernicieux desseins, et ne
paraissent pas disposés à reconnaître que la faute
retombe sur les imperfections d'un constitutionnalisme défectueux, sur les principes erronés
qui se sont enracinés dans l'esprit du temps,
dans les lois fondamentales et dans les codes
législatifs. Ces imperfections sont incorrigibles,

parce qu'elles forment la base, le fond, et sont l'essence même de ce système libéral.

Les États monarchiques, constitutionnels ou républicains, courent les mêmes dangers par les vices attachés à leurs propres constitutions. Les fréquentes conspirations sont les symptômes manifestes du mal intérieur qui les mine.

Il existe deux systèmes modernes de politique, qui se confondent dans la même prétention et poursuivent le même but : celui d'absorber tous les droits nationaux, soit dans un monarque absolu, soit dans les assemblées électives. Ce sont deux modes divers d'arriver à un même résultat, qui est de maintenir le régime de l'égalité démocratique, que semblent réclamer l'esprit et les mœurs du siècle; mais ni l'un ni l'autre de ces gouvernements ne renferme un principe assez puissant de force intrinsèque, pour leur promettre une longue et tranquille durée : l'absolutisme dégénère tôt ou tard en une autorité bureaucratique, de plus en plus envahissante, aveugle et oppressive. — Le constitutionnalisme est une fiction de gouvernement populaire, sous laquelle est voilée une autorité despotique, tantôt ministérielle, tantôt parlementaire, selon que l'un ou l'autre des deux pouvoirs a pris plus d'ascendant.

La souveraineté ne réside, en aucun cas, dans la nation ou dans les individus isolés qui en font partie; mais elle appartient, dans le fait, à une majorité parlementaire, flottant au gré de la tactique des différents partis qui composent l'assemblée. Cette majorité fait et défait les lois, selon que les bulletins sortent de l'urne qui les renferme : *Vota numerantur, sed non ponderantur.* — Le nombre des voix ne donne aucune garantie pour la bonté des lois. La raison pouvant être du côté de la minorité, et n'étant souvent ni de l'un ni de l'autre, les citoyens n'ont point de motifs suffisants pour avoir une pleine confiance dans la sagesse de cette majorité vacillante, à laquelle sont confiés les pouvoirs publics et le contrôle de ces mêmes pouvoirs.

Un des défauts essentiels du régime parlementaire ou représentatif provient de ce que tout le poids de l'exercice du pouvoir retombe

sur le gouvernement, qui, pour sauvegarder l'ordre et la civilisation, est obligé d'exercer, sur
les actes de chaque individu, une surveillance
attentive et journalière ; les ressources qui se
trouvent à sa disposition, et les agents qu'il em-
ploie, ne suffisent pas pour remplir efficacement,
dans toute son étendue, la mission dont il as-
sume seul la responsabilité. La nation, cessant
d'être un organe politique et de constituer un
pouvoir dans l'État, ne lui vient en aide en aucune manière : elle est privée de toute participa-
tion à la manutention des affaires, tandis que des
factions tumultueuses bourdonnent et s'agitent
confusément au sein d'une société en désarroi.

Un autre défaut, inhérent à la monarchie constitutionnelle, est que les pouvoirs distincts, qui
sont l'attribut de ce genre de gouvernement, ne
sont pas de nature à se maintenir en bonne harmonie, ni par conséquent à rester assez bien
d'accord entre eux pour se contre-balancer, se
soutenir réciproquement, et assurer, par une fidèle et sincère entente, la force et la durée des institutions fondées sur cette nouvelle théorie. Car,
s'il en était réellement ainsi, cette monarchie re-

poserait sur une base inébranlable, et les Révolutions de 1830 et de 1848 n'auraient pu avoir lieu. C'est au contraire et précisément parce que ces pouvoirs distincts ne sont pas susceptibles de conserver un parfait équilibre, que ce système de gouvernement contrôlé devient illusoire. Ce qui trompe d'ailleurs toutes les prévisions, c'est qu'en dehors de ces pouvoirs légaux, que la loi fondamentale mentionne, il se manifeste et s'élève aussi dans le pays des partis extra-constitutionnels, extra-parlementaires, hostiles et assez puissants pour ruiner et démolir la frêle autorité des lois existantes.

On doit surtout remarquer que la législation des constitutions actuelles aboutit à un chaos informe de doctrines compliquées, telles que la liberté, l'égalité, la fraternité, le suffrage, tantôt universel, tantôt restreint, la concurrence industrielle, la liberté de la presse, l'indifférence en matière de religion, la liberté des cultes et du prosélytisme, l'athéisme de la loi politique, l'abolition de la peine de mort pour les crimes de conspiration et d'insurrection, le jugement par jury des délits politiques, responsabilité des ministres, impunité des orateurs dont l'opposition, dans le parlement, est systématiquement conspiratrice, irresponsabilité du roi constitutionnel et des représentants du peuple, armement de la garde nationale, obéissance passive de l'armée régulière aux ordres du pouvoir, augmentation arbitraire des impôts et des emprunts, la dette publique garantie aux créanciers de l'État, c'est-à-dire les emprunts mis à la charge des générations futures. Enfin, pour conclusion et comme résultat de tout cet ensemble de mesures incohérentes et dangereuses, on prétend que force doit rester à la loi, le droit de propriété demeurer inviolable, et les progrès de la civilisation être de plus en plus assurés !

Ce fut inutilement qu'on essaya de coordonner, dans leur ensemble, cette longue chaîne de problèmes complexes qui viennent d'être énumérés. Les rationalistes, en étalant ce grand luxe dogmatique, ont créé et décrété dans le fait des droits légaux que l'on peut qualifier d'anarchiques. Dans de pareilles circonstances, il serait injuste de faire rejaillir la responsabilité de nos fréquentes révolutions sur les ministres, les généraux et les administrateurs qui, dans les moments de crises, sont à la tête des affaires ; c'est dans les défauts des constitutions modernes qu'il faut chercher la cause du triomphe facile des conspirations, et c'est encore plus haut que l'on doit remonter, si l'on veut dévoiler l'origine de cette mobilité des lois, suite naturelle du dévergondage des idées.

Les ultra-philosophes, qui ont endoctriné le monde, n'avaient pas une connaissance profonde des hommes ni des besoins de l'humanité ; ils ont rêvé un monde idéal, et voulu créer à leur manière un paradis terrestre. Ce sont eux qui, s'érigeant en prophètes et prêchant une religion humanitaire, ont substitué la philosophie mondaine aux préceptes de la révélation divine, et déclaré la guerre au christianisme. — Leur science orgueilleuse a dit devant le monde : « Je suis l'oracle de la vérité, le représentant de la raison, l'ange de lumière : *Fiat voluntas mea, adveniat regnum meum.* »

Les publicistes de cette école ont pris à tâche

de régenter le monde ; ils ont fait une compilation de doctrines politiques et économiques, de panthéisme, de philanthropie, de libéralisme et de subtilités métaphysiques. Considérant l'homme comme un être indépendant, libre, ne relevant que de lui-même et de sa raison, ils ont enseigné, entre mille belles choses, qu'il existe une loi implantée primitivement dans la nature : la loi du progrès indéfini (1). Suivant eux, la raison humaine est suffisante pour diriger en reine les affaires de ce monde, sans l'intervention de la Providence ; l'humanité est en voie de progrès continuel et de perfectibilité indéfinie,

(1) L'esprit humain n'étant pas susceptible de se perfectionner, ni l'homme d'acquérir des facultés qu'il n'a pas reçues de la nature, les seuls progrès que les mortels puissent espérer sont de réprimer de plus en plus leur orgueil et leurs coupables passions, en observant mieux les préceptes de la vraie religion. Les connaissances et les découvertes auxquelles les sciences peuvent encore parvenir auront certaines bornes que Dieu même a définies et posées en créant l'humanité ; les mystères de la nature resteront impénétrables. Ce que l'on peut appeler indéfini, ce sont plutôt les aberrations de nos présomptueuses pensées. Le progrès du mal, dominant le progrès du bien, pourrait bien attirer un jour la colère céleste, comme au temps du déluge !

accomplissant, de sa propre autorité, ses hautes destinées sur la terre.

La création du monde est, pour les savants philosophes, un problème insoluble ; l'avenir dans l'autre monde est un autre problème. — Ni l'État, ni la loi, n'ont donc point à s'occuper de l'inconnu. — Le bonheur temporel et la liberté étant le but unique à remplir, le libre arbitre des individus sera sans autre restriction que celle des lois promulguées au nom et par la volonté du souverain temporel. — Le suffrage universel étant l'expression de la volonté et de la raison générale, tous les pouvoirs émanent légitimement de cette source. — Les hommes naissant égaux, l'égalité des droits est de la plus stricte équité. — La puissance souveraine appartient à tous collectivement. — Les citoyens seront les sujets de la loi qui émane de leur volonté..... Ces raisonnements, ainsi précisés, ont pu captiver quelque temps les esprits ; mais les prémisses sur lesquelles ils sont fondés, étant l'inaptitude de la raison à découvrir les deux grands problèmes du commencement et de la fin du monde, ne peuvent servir de départ ni à la politique, ni à la philosophie. La connaissance des destinées de l'humanité dépend au contraire de ces deux questions, que l'esprit humain, par ses propres lumières, n'éclaircira jamais. A tout système il conviendrait, au moins, de donner pour fondement une vérité première et les corollaires qui en découlent.

Loin de nous est la pensée de confondre, dans la réprobation due aux apôtres de l'anti-christianisme, les doctrinaires qui se sont laissé séduire par les raisonnements captieux du dogme de la souveraineté du peuple, mais qui restent indignés de l'impiété de la philosophie du dix-huitième siècle, ainsi que du panthéisme des universités modernes. Ils reviendront de l'erreur, pour ainsi dire involontaire, dans laquelle les retenaient la nécessité des temps et leur position personnelle; car le rôle qui leur était tracé consistait à soutenir le gouvernement établi, pour prévenir de plus grands maux; ils étaient chargés, non de briser la mauvaise machine, mais de la faire fonctionner le moins mal possible.

Le blâme ne peut retomber que sur les philo-

sophes qui, les premiers, ont considéré la souveraineté comme une question uniquement humanitaire, tandis qu'elle est au contraire un
théorème à la fois religieux et politique. Si on
considère, avec impartialité et sans préjugés,
cette proposition présentée sous ce double rapport, on trouvera que le droit divin et le droit
humain existent simultanément, et qu'il s'agit
de distinguer ces deux principes dans la théorie,
comme de les concilier dans la pratique; il sera
donné, dans le second chapitre, quelques explications sur cette question fondamentale.

Les principes absolus du sophiste J.-J. Rousseau ont surtout exercé une fâcheuse influence
sur les événements qui allaient bientôt survenir.
Toutefois la Révolution ne fut pas une conséquence immédiate des doctrines répandues par
le plus grand nombre des écrivains du temps;
mais elle éclata inopinément, elle surgit spontanément d'une inconcevable coïncidence de
circonstances générales et de causes particu-
lières et accidentelles; les ministres Turgot, de
Brienne, Malesherbes, Narbonne, Necker et le

roi lui-même en furent les premiers promoteurs. Ce ne furent point les philosophes et les savants qui en déterminèrent l'explosion en 1789, ils n'en avaient pas la pensée ; mais ils en ont au moins dicté les principes épars dans leurs nombreux écrits sur toutes les matières de la politique, de la législation et de l'économie. Les dogmes, les théories, les réformes d'une révolution complète étaient inscrits d'avance dans les ouvrages des publicistes du dix-huitième siècle ; et, lorsque le monarque de la France jugea à propos de convoquer une Assemblée nationale pour porter remède aux abus, ou pour introduire des changements dans la constitution de l'État, la majorité des membres qui la composaient, trouvant un texte préparé de longue main, n'éprouva aucune difficulté à faire un amalgame de principes puisés dans cette foule d'écrits, et à les rédiger en articles de loi constitutionnelle. Tous ces matériaux, ces pièces détachées, sans harmonie entre elles, ne pouvaient former un édifice régulier et durable.

Le gouvernement, sous le règne de Louis XVI,

avait fait un premier pas dans l'ère nouvelle des réformes libérales ; l'effervescence qui s'empara de la nation facilita le grand œuvre qui allait être entrepris. En donnant, dans les états généraux, une double représentation au tiers état (1), le roi introduisit dès lors le principe de la démocratie, dont les conséquences ne se firent pas attendre. Dans la séance royale du 16 juillet 1789, il fut décidé que les membres des trois ordres se réuniraient en une seule assemblée, dans laquelle les votes auraient lieu par tête. Dès ce moment, l'ancienne constitution était détruite, la révolution était faite, et les tribuns factieux, qui se mirent à la tête du mou-

(1) A la date du 27 décembre 1788, il fut ordonné par le roi, étant en son conseil, textuellement ce qui suit :

« Le nombre des députés du tiers état sera égal à celui des deux autres réunis ; et cette proportion sera établie par les lettres de convocation. »

Cette décision fut prise sur un rapport du ministre des finances, M. Necker, qui dès lors avait l'intention d'amener le vote par tête, pour écraser plus sûrement l'aristocratie ; sans quoi il eût été ridicule d'accorder au tiers état une telle faveur, qui l'eût compromis, si elle ne devenait bientôt un moyen efficace de puissance et de supériorité.

vement, amenèrent bientôt la sanglante République de 1793.

Dans la Déclaration des droits de l'homme, mise en tête de la Constitution française de 1791, il est dit : « Le principe de toute souveraineté réside essentiellement dans la nation; nul corps, nul individu, ne peut exercer d'autorité qui n'en émane expressément. » Cette maxime n'était point une idée, une production nouvelle; mais ici elle fut admise, proclamée, comme axiome incontestable, et passa légalement dans la pratique; ce qui a inspiré à bien des personnes la pensée que la démocratie dominera désormais la politique en Europe, et que sans cette condition expresse aucun gouvernement ne pourrait s'y maintenir dorénavant. Toutefois rien n'est plus changeant que ce qu'on nomme l'esprit du siècle : les opinions se modifient, varient suivant les événements imprévus qui réagissent sur les esprits et sur la conduite des hommes.

Dieu a sans doute donné aux mortels le libre

arbitre de leurs actions ; mais la vie est trop courte pour donner de la suite à leurs projets. Un pouvoir occulte, qui s'interpose sans cesse dans les desseins des hommes, dérange et fait échouer leurs plans. Quelles que soient l'habileté et les forces que puisse déployer la tactique révolutionnaire des partis exaltés, le système démocratique, sous aucune forme quelconque de gouvernement, ne parviendra jamais à prendre racine : le germe du désordre social, qu'il porte dans son sein, le perdra toujours. Déjà, comme on l'a vu en 1851, la Providence amena des événements inattendus qui changeront la face de l'Europe, et imprimeront à l'opinion publique une autre direction.

Jusqu'ici on a soulevé des questions politiques, sur lesquelles la jurisprudence n'est pas compétente à prononcer : les uns veulent une constitution monarchique et parlementaire, les autres attribuent la souveraineté aux chambres électives ; plusieurs veulent maintenir au peuple le droit imprescriptible de changer, à volonté, la forme et la domination de son gouvernement ;

quelques-uns soutiennent que la nation, étant souveraine de droit naturel, ne peut altérer ou détruire ce principe fondamental, ni se constituer autrement qu'en république démocratique, et que la majorité n'est pas même en droit de contraindre la minorité à se soumettre à un gouvernement monarchique héréditaire; d'autres défendent le principe dynastique fondé sur l'hérédité de la couronne. Ainsi partout, sur le champ de bataille, se rencontrent des démocrates conservateurs, des démocrates radicaux, des royalistes, des républicains, des terroristes et des sectes socialistes.

Les admirateurs du régime constitutionnel feraient une œuvre méritoire s'ils proposaient un modèle plus vrai, plus parfait de constitution, pour corriger les fictions mensongères de la représentation nationale, et remédier aux inconvénients de ces dissensions, de ces combats de la tribune, suscités par les factions qui forment autant de partis ennemis, et qui de plus se subdivisent, dans les chambres, en plusieurs fractions, ayant chacune son chef et son conciliabule particulier ; de sorte qu'on n'y reconnaît ni majorité, ni minorité compacte. Ces défauts ne sont pas la seule, mais en partie l'une des causes de l'insigne fragilité de ce genre de gouvernement. Aussi longtemps que les constitutionnels ne seront pas unanimes sur les principes clairs et les clauses précises d'un pacte social sacré pour tous, aussi longtemps que les doctrines des doctrinaires seront en hostilités continuelles entre elles, n'attendez pas que le régime parlementaire, tombé dans un grand discrédit, regagne jamais la faveur et la confiance du public.

La Constitution française du 4 novembre 1848 avait été votée sous l'impression des circonstances, par une majorité d'hommes distingués par des talents éminents et un caractère honorable ; mais, entraînés, même à leur insu, par les idées du jour, ils ont rédigé un code constitutionnel de belles maximes, et cherché à faire, le moins mal possible, une charte provisoire. Cependant le peuple, fatigué des promesses dont on le berce depuis longtemps sans améliorer son sort, n'approuvait pas un ordre de choses qui ne lui paraissait bon à rien, et dont le vice essentiel était de déplaire à toutes les classes de la population.

On doit surtout relever, dans cette Constitution, les contradictions et les idées anarchiques qu'elle renferme. Dans le préambule est une déclaration des devoirs réciproques de la République envers les citoyens et des citoyens envers la République : cette exposition est en forme de catéchisme ; puis, dans l'article premier, il est dit : « La souveraineté réside dans l'universalité des citoyens français ; aucun individu, aucune fraction du peuple, ne peut s'en attribuer l'exercice. » Ainsi donc le principe et le droit de la souveraineté sont attribués exclusivement à l'universalité des citoyens, moyennant le suffrage universel. D'où il résulterait que chaque citoyen devrait donner sa voix à la totalité des membres de l'Assemblée, pour déléguer à celle-ci l'exercice légitime du pouvoir. Pourtant on a jugé à propos de déroger à cette condition essentielle et à la maxime fondamentale contenue dans cet article, pour en modifier et interpréter le sens d'une manière fort illogique ; car, dans l'article 34 du chapitre IV, il est dit : « Les membres de l'Assemblée nationale sont les re-présentants, non des départements qui les ont nommés, mais de la France entière. » Or les quatre-vingt-six départements sont autant de fractions de la France ; les députés élus par ces fractions ne se font-ils pas illusion, lorsqu'ils se considèrent comme les représentants des dépar-tements qui n'ont pas participé à leur nomina-tion ? La critique que nous faisons ici a pour objet de faire ressortir les inconséquences com-munes, inhérentes, à toutes ces constitutions qui partent du double principe de la représenta-tion et de la démocratie ; elle porte particulière-ment sur l'impossibilité de fonder, moyennant une représentation fidèle et sincère des habitants d'un pays, un grand État démocratique. Il n'est que trop vrai que, dans tout système fondé sur les faux errements qui remontent à 1789, les Cham-bres représentent l'anarchie, la guerre des partis qui désunissent la société, et la lutte des ambi-tions qui aspirent au pouvoir, ou qui cherchent à le renverser. Ce n'est pas sans motif que les masses populaires n'éprouvent point de sympathie ni de sentiment d'attachement et de fidélité pour ces parlements qui s'arrogent, sous un vain prétexte, un pouvoir sans bornes.

Le parlementarisme est responsable de tous les événements arrivés en France depuis 1791, de nos révolutions perturbatrices, de ces longues et glorieuses guerres, sans gain et sans profit, suivies d'une paix mal assurée, pendant laquelle le jacobinisme et le socialisme relevèrent la tête. Mais, sans vouloir remonter plus loin, il suffit de constater que le comité central des sociétés secrètes s'est établi à Paris, dans l'année 1834, que plus tard le parti conspirateur, se jouant adroitement du royalisme libéral, vint prendre place et siéger dans les banquets de la réforme, puis bientôt après dicter en vainqueur, le 24 février 1848, ses ordres souverains à la famille royale et aux deux Chambres. Ces sectes factieuses n'étaient-elles pas, à cette époque, plus habiles et plus puissantes que la monarchie constitutionnelle, avec tous ses ministres et ses deux Chambres? Certes ce n'est pas à la délibéra-

tion unanime et libre du peuple français que
revient l'honneur de cette révolution républi-
caine.

L'Assemblée constituante se vit contrainte de
suivre l'impulsion du parti victorieux, et de remplir le programme de la démocratie absolue, que
la pression du gouvernement provisoire imposait
à la France. Par cette condescendance obligée, il
est plus que douteux qu'elle ait rendu un grand
service au pays. Tout le monde convient qu'elle
a plutôt entravé que favorisé les progrès du mal;
on ne peut contester que les députés, habiles et
savants juristes, n'aient consciencieusement étu-
dié la matière et clairement exprimé dans toute
leur étendue les principes généraux du constitutionnalisme démocratique; mais la tâche à laquelle ils se dévouaient était peu propre à faire
le salut du pays.

C'est à la haute sagesse et au grand caractère
du chef de l'État, au patriotisme des généraux,
au bon esprit et à l'admirable discipline de l'armée, que l'on doit rendre justice; celle-ci a bien
mérité de la patrie, particulièrement en juin 1848,

en 1849, à l'expédition de Rome, et pendant les troubles de 1851.

On retrouve, dans l'article 35 du chapitre IV, l'une des règles fondamentales sur laquelle, dès sa première origine, fut basé l'édifice du système représentatif : « Les représentants ne peuvent recevoir de mandat impératif. » C'est la maxime invariable, la loi générale, devant laquelle il ne reste qu'à courber la tête et s'incliner.

Ainsi les citoyens, privés du droit d'avoir une volonté personnelle, ne jouissent pas même de la liberté de leur vote, en ce qu'ils en sont réduits à l'alternative de se soumettre aux injonctions des comités directeurs qui forment les listes des candidats, ou de donner en pure perte leur voix individuelle. Les comités directeurs sont les organes des factions, pour proposer et faire élire leurs représentants ; les électeurs ne sont que d'aveugles instruments de ces intrigues.

Nous le demandons, est-il sage et logique de dire officiellement aux gens du peuple : « Vous êtes souverain, sous la condition de n'émettre au-

cune volonté, et de commencer avant tout par cé-
der le pouvoir à des mandataires, dont les journaux auront soin de vous envoyer les noms im-
primés sur des bulletins, et qui vous constitu-
tionnaliseront tantôt en république, tantôt en
monarchie, selon la fantaisie du moment. »

Les deux derniers articles 110 et 111 contien-
nent deux propositions qui s'accordent mal entre
elles ; l'article 110 est ainsi conçu : « L'Assemblée nationale confie le dépôt de la présente constitution, et des droits qu'elle consacre, à la garde
et au patriotisme de tous les Français. » Le peuple est ainsi appelé à défendre contre toute attaque, de quelque part qu'elle vienne, la Constitution telle qu'elle a été faite et proclamée en son
nom, à ne pas permettre qu'il soit porté atteinte
à aucun des droits qu'elle consacre, et à maintenir la stabilité du gouvernement qu'elle établit.
Néanmoins, dans l'article suivant, les représentants ne sont pas restés conséquents à cette déclaration solennelle, et montrent eux-mêmes
une grande défiance en l'œuvre à laquelle ils
ont travaillé; ils en prévoient déjà la réforme,

et, dans cette vue, ils investissent les futures assemblées du pouvoir arbitraire de modifier, en tout ou en partie, cette même constitution, si elles émettent simplement, à la majorité des trois quarts de leurs membres, le vœu d'en ordonner la révision. Ainsi, dans l'article 111, il est dit : « Lorsque, dans la dernière année d'une législature, l'Assemblée nationale aura émis le vœu que la Constitution soit modifiée, en tout ou en partie, il sera procédé à cette révision de la manière suivante : le vœu exprimé par l'Assemblée ne sera converti en résolution définitive qu'après trois délibérations consécutives, prises chacune à un mois d'intervalle et aux trois quarts des suffrages exprimés ; le nombre des votants devra être de cinq cents au moins ; l'assemblée de révision ne sera nommée que pour trois mois, elle ne devra s'occuper que de la révision pour laquelle elle aura été convoquée ; néanmoins elle pourra, en cas d'urgence, pourvoir aux nécessités législatives. »

Cet article avait pour but de légitimer *a priori* la révolution prévue d'avance, de déterminer la marche, les phases, qu'elle aurait à parcourir.

Ce paragraphe inséré, soit dans une intention hostile à la Constitution, soit par mesure de précaution, conférait à une majorité, composée des trois quarts des membres de la Chambre législative, le droit exorbitant de déclarer nulle la loi fondamentale, dont le dépôt sacré était confié à la garde de tous les patriotes.

Une fraction du parti conservateur, animée sans doute des meilleures intentions, vota en 1851 dans le sens de cette révision, croyant que c'était chose facile d'improviser pacifiquement, dans l'espace de trois mois, une charte plus parfaite ; tandis qu'un immense parti socialiste en armes n'attendait que cette occasion pour mettre à l'instant la France à feu et à sang. Il y avait une grande imprévoyance, et plus que de la présomption dans cet espoir de diriger et maîtriser les événements à son gré, sans autre appui que l'éloquence du parti conservateur, faible et vaine ressource en temps de révolution ! La majorité de la Chambre ne consentit pas à cette révision, dans la prévoyance de l'imminence du danger de l'insurrection des masses ; mais elle commit une autre faute en voulant s'emparer du pouvoir exécutif, et se mettre elle-même à la tête du mouvement, sans avoir ni moyen d'exécution, ni le moindre plan, et sans aucune force morale.

La tribune parlementaire amènerait inévitablement la perte de la société. Mais ne reste-t-il plus aucune planche de salut pour la sauver? Un jour viendra où le parti qui s'appelle conservateur renoncera à conserver le système représentatif, pour échanger son rôle contre celui de restaurateur des principes de la hiérarchie sociale et des solides institutions dont dépend l'existence nationale. La réaction contre les fausses notions de 1789 deviendra le prélude de la reconstruction de l'édifice social; car le projet de continuer le régime de la démocratie, sans en subir les inconvénients et les dangers, n'aurait aucune chance de réussite.

On entend des plaintes, malheureusement trop fondées, s'élever de toutes parts sur les mauvais temps dans lesquels nous vivons. N'est-il pas évident que les maux qu'on éprouve et qu'on redoute proviennent de l'application de ces malheureux principes, que des publicistes distingués, amis de l'ordre, tiennent encore en honneur et vénération, comme on s'attache à des préjugés invétérés?

Si les idées erronées du siècle ne sont pas corrigées et rectifiées, les prédictions de la victoire des socialistes, que l'ère des Césars peut encore retarder, s'accompliront enfin, dans un avenir plus ou moins prochain. Puissent les hommes influents en politique contribuer de tous leurs moyens à calmer les tempêtes en secondant le gouvernement actuel de la France et en s'associant au nouveau parti qui répudie et abjure ces utopies constitutionnelles, qui seront reléguées un jour dans la catégorie des folies du siècle.

Le peuple n'est pas philosophe et ne demande pas cet idéal de bonheur, d'ambition, de jouissances, que lui promettent en perspective ceux qui s'imaginent parler en son nom : ses vœux se bornent à remplir l'obligation rigoureusement

imposée par le Créateur, celle de gagner sa vie
en travaillant à la sueur de son front ; mais il
désire avec raison des changements dans la position précaire et dure que le libéralisme lui a
faite.

Les générations futures jugeront sainement
les illusions qui ont entraîné la génération actuelle dans des fautes irréparables. L'histoire
impartiale enseignera à la postérité qu'il ne suffit pas d'avoir un idéalisme d'égalité, une tribune, une presse libre, un pouvoir exorbitant
dans le journalisme, et un gouvernement central, pour être heureux ; mais qu'il faut à la société une organisation conforme à son existence
réelle, afin qu'elle forme un corps de nation,
une grande famille politique.

En Allemagne, en Italie, l'inexpérience des
constitutionnels était plus grande et les affaires
infiniment plus compliquées. Les esprits rêveurs
qui composaient la majorité du parlement de
Francfort imaginèrent la plus inconcevable des

constitutions. Emportés par un excès d'enthousiasme patriotique, ils s'adjugèrent de prime abord la souveraineté; c'était le moyen de créer en un moment l'unité allemande, que de s'arroger la toute-puissance, de planter l'étendard tricolore sur tous les toits, de proclamer les droits fondamentaux, et enfin de centraliser la nation dans l'assemblée réunie dans l'enceinte de l'église Saint-Paul.

Ces doctrinaires, qui se disaient le parti conservateur, n'avaient point d'armée, de canons, ni de police à leur disposition, et craignaient les démagogues et les populaces ameutées. Ayant donc recours à un expédient qui leur parut immanquable, ils supplièrent, par une députation, un puissant monarque d'accepter, avec le titre d'empereur, la fonction du pouvoir exécutif, et offrirent la charge de préfet héréditaire aux diverses dynasties qui, de temps immémorial, régnaient sur les peuples de la Germanie; malheureusement cette combinaison présomptueuse, plus naïve qu'ingénieuse, ne répondit pas à leur attente. Le refus qu'ils éprouvèrent était à leurs yeux une épouvantable trahison, une inconcevable résistance, un attentat contre la souveraineté nationale ! Le plus grand désappointement succéda au rêve de l'importante mission qu'ils s'étaient ambitieusement attribuée, sans avoir reçu de leurs commettants ni pouvoir, ni mandat à cet effet.

Ces parlementaires s'étaient flattés, pendant quelque temps, de jouir d'un pouvoir solide et incontestable ; l'armée leur servait en effet de sauvegarde contre ces masses de pétitionnaires, envahissant d'assaut le sanctuaire des lois pour exercer en personne leurs droits souverains ; les troupes prussiennes les avaient défendus plus d'une fois contre ces émeutiers en armes ; mais il était dans l'ordre naturel des choses que l'état militaire, étant mis ainsi en contact avec la question politique, n'y restât pas étranger par la suite. Quel ne dut pas être l'étonnement des libéraux, lorsqu'ils virent que des militaires en grande tenue avaient la témérité de forcer l'entrée de la salle de leurs séances, et de leur intimer, au nom du roi et de la loi, le conseil impératif de se retirer dans leurs foyers? C'est ce qui arriva à Berlin, à Stuttgard, à Cremsir, à Naples, et autres lieux. Tous ces faits resteront acquis à l'histoire, comme preuve manifeste de la stérilité du philosophisme, et comme avertissement salutaire contre le retour à de pareilles idées anarchiques.

En Italie, la démagogie a été vaincue par la force des baïonnettes sur tous les points : en Sicile, à Naples, à Rome, en Toscane, en Lombardie, en Piémont, à Gênes ; mais elle a survécu à toutes les blessures qu'elle a reçues, et ne cessera de s'agiter, aussi longtemps qu'elle possédera dans le sein même du constitutionnalisme, dans le journalisme, dans l'existence des sociétés secrètes, un puissant moyen de propagande, et qu'elle trouvera, dans la misère et le paupérisme du prolétariat, un écho prêt à répondre, une force toujours prête à agir.

La victoire que les armées ont remportée sur le désordre ne saurait mettre un terme aux égarements de l'opinion publique, ni aux idées incendiaires qui menacent l'existence de la société européenne.

CHAPITRE SECOND

DE LA SOUVERAINETÉ.

I

On a fait mention, dans le chapitre précédent, du nouveau genre de gouvernement que les philosophes ont fait prévaloir, en faisant abstraction du droit divin, en rapportant tout à la raison humaine et aux droits souverains du peuple. Sous le strict point de vue du christianisme et de l'histoire, il sera permis d'émettre, sur l'origine et l'essence de la souveraineté, une opinion contraire à cette philosophie humanitaire.

Avant d'entrer dans l'examen d'un si grave sujet, il convient d'admettre pour point de départ de la question les axiomes suivants, puisés dans le dogme catholique et qu'enseignent également les lumières de la raison naturelle : Toute puissance vient de Dieu, dont la volonté exerce perpétuellement un pouvoir suprême sur toutes choses. La souveraineté temporelle, par un décret providentiel de ce maître absolu de l'univers, forme la clef de voûte, l'accomplissement des lois et des actes de la création dont elle couronne l'œuvre ; elle a ses racines, sa cause efficace, sa raison d'être, dans le caractère du genre humain, dans le penchant des hommes à vivre en société, dans le besoin qu'ils éprouvent de s'entr'aider dans tous les instants de la vie, et de se prémunir contre les dangers dont leur existence est entourée. La vie, la raison, le libre arbitre, l'intelligence dont jouissent les mortels, sont des dons émanant de la grâce de Dieu, qui, pour leur procurer le mérite personnel de leurs actes et les rendre dignes d'en recevoir, dans l'éternité, une juste et légitime récompense, ne leur accorda pas dans ce monde les facultés de l'infaillibilité et de l'im-

péccabilité. L'intervention divine, vu cet état d'im-
perfection de la raison et de la nature humaine, est
une indispensable nécessité pour ordonner le bien,
comme pour prohiber le mal; et la législation
primordiale est essentiellement de droit divin.
C'est un devoir pour la souveraineté que d'obéir
aux ordres de Dieu, de rendre la justice et de
veiller au salut des peuples. En vertu de cette
maxime fondamentale, les bonnes lois rendues
par la bouche du souverain sont l'expression de
la volonté divine, et impriment le caractère de la
légitimité au pouvoir temporel, qui, par les actes
équitables d'un sage gouvernement, complaît au
Créateur, source de tous les droits.

De ces prémisses découlent plusieurs conséquences :

1° La souveraineté n'est point une invention
imaginée par l'intelligence de l'homme, mais une
loi divine décrétée en vue de la conservation du
genre humain; Dieu en a posé le principe dans
l'ensemble des qualités de l'humanité, dans cette
docilité, cet attrait qui porte les hommes à servir
l'autorité et à prendre part aux emplois et aux

honneurs du pouvoir. Les hommes ont reçu de Dieu le don surnaturel de la raison, afin de concevoir la nécessité de se soumettre aux règlements d'une puissance supérieure et visible qui les dirige et les protége.

2° La sentence du grand saint Thomas : « *Regnum non est propter regem, sed rex propter regnum* » exprime une double vérité, et signifie que le roi règne en vue du bien de l'État, et que l'État est une chose distincte du souverain. Le roi et la nation forment deux personnes morales, ayant chacune des droits et des devoirs réciproques; ceci contredit le principe de la souveraineté du peuple.

3° Le principe dynastique, fondé sur l'hérédité de la couronne, est une loi politique et sage qui ne dérive pas du droit divin, avec lequel plusieurs l'ont confondu; les dynasties ne sont point investies d'un pouvoir absolu, ni du droit d'enfreindre et de changer arbitrairement la constitution de l'État, la légitimité ne permet pas de commettre des actes contraires à ce qui est légitime. Néanmoins un coup d'État est présumé et réputé légitime lorsque, dicté par la prudence et

commandé par la justice de la cause, il est né-
cessaire au maintien des institutions sociales et
de la tranquillité du pays; il s'appuie alors sur
le principe conservateur : *Salus populi suprema
lex.* Les familles dynastiques règnent par la grâce
de Dieu ; mais, soumises aux décrets qui émanent d'en haut, elles ne sont point à l'abri des
vicissitudes des choses humaines ; car Dieu dé-
partit les couronnes à qui il lui plaît, quand il lui
plaît et comme il lui plaît !

4° La loi de Dieu et la loi du royaume sont
les deux points de vue sous lesquels se présente la question de la souveraineté, qui par là
devient nécessairement religieuse et politique.
L'illustre évêque de Meaux, ne l'ayant observée
et traitée que sous le seul rapport de la religion,
et faisant abstraction des combinaisons politiques
qui s'y rattachent, a conclu que l'autorité royale
était absolue, et les rois responsables envers Dieu
seul des actes illicites commis par le gouvernement. Cette hypothèse, exposée sous une forme
doctrinale, attribue aux princes régnants la prérogative de tracer eux-mêmes le plus ou moins
d'étendue de leur puissance temporelle. Or, un

pareil problème ne comporte pas une solution
uniquement partiale ; il se réduit à donner la dé-
finition politique, raisonnée et précise, des pouvoirs constitutifs inhérents à la nature de la souveraineté, à fixer ainsi la limite, le *non plus ultra*
des droits du souverain.

5° La souveraineté est un sacerdoce, celui qui
en est revêtu est libre de s'en démettre par une
abdication irrévocable ; mais il ne dépend pas de
lui d'en disposer, de la transmettre à qui bon lui
semble. Si les dix millions d'individus d'un pays
étaient autant de souverains, doués des qualités
requises, ils auraient le plein droit et l'obligation
de remplir par eux-mêmes les fonctions de cette
magistrature suprême, ou l'entière liberté d'abdiquer ; mais ils ne seraient nullement, et en
aucun cas, autorisés à transférer à des délégués
la souveraineté, parce que celle-ci est inaliénable
et ne porte pas le caractère d'une propriété libre et transmissible à volonté ; elle est insépara-
ble des personnes investies de l'exercice du pouvoir temporel.

6° La forme du gouvernement, n'étant point
ordonnée par la Divinité, ressort du droit humain

et résulte uniquement des conventions faites à ce
sujet.

Toute la sagacité des docteurs en droit politique ne parviendra pas à découvrir un principe *à
priori* de la souveraineté légitime sur la terre, autre que la volonté divine et l'accomplissement des
préceptes éternels de justice provenant de cette
source unique de toutes vérités.

La plupart des publicistes modernes disent
assez généralement : La souveraineté du peuple
est un principe incontestable, mais abstrait et
inapplicable. Or, c'est exprimer à la fois une ap-
probation du principe et en réprouver l'application comme étant impossible ; au fond, c'est nier
la réalité de la chose que de la déclarer une fiction idéale, un *être de raison.*

De deux choses l'une, ou l'on doit admettre,
avec l'Américain Thomas Paine et J.-J. Rousseau, la souveraineté du peuple avec toutes les
conséquences extrêmes de la démocratie, ou reconnaître la prédominance du droit divin, en
fait de souveraineté. C'est le dilemme sur lequel

les hommes politiques instruits par soixante ans d'expérience sont appelés à se prononcer sans tergiversations ni subtilités métaphysiques; car entre ces deux termes, ainsi nettement posés, il n'y a point de transaction possible.

II

Thomas Paine, secrétaire du congrès américain, dans une brochure intitulée : *Droits de l'Homme, en réponse à l'attaque de M. Burke sur la Révolution française,* soutient la thèse de la souveraineté du peuple. Dans son enthousiasme, l'écrivain américain déclare que la constitution de 1791 est la cause du peuple français, de toute l'Europe, ou plutôt du monde entier! C'est, suivant lui, le gouvernement de la raison; la France, régénérée, déclare la guerre aux principes, non aux hommes; cette constitution confie le pouvoir exécutif à un fonctionnaire appelé roi, et place la souveraineté dans la nation; elle renonce à la tolérance et à l'intolérance

aussi en matière religieuse, et établit une liberté
entière de conscience et conséquemment de religion, comme étant de droit naturel! «Si chacun,
dit-il, est laissé juge de sa propre religion, il ne
se trouvera aucune religion mauvaise sur le
globe. L'homme ne s'adore pas lui-même, mais
il adore son créateur; et la liberté de conscience
qu'il réclame n'est pas pour son service à lui,
mais pour le service de l'Être suprême. C'est
pourquoi, dans ce cas-ci, il faut nécessairement
que nous concevions la double idée de deux êtres,
le *mortel* qui paye son adoration, et l'Immortel
qui est adoré. Donc la tolérance ne se place pas
entre un homme et un autre homme, entre une
église et une autre, ni entre aucune dénomination de religion et une autre, mais entre Dieu et
l'homme, entre l'être qui adore et l'être qui est
adoré; et par le même acte d'autorité usurpé par
lequel elle tolère l'adoration de l'homme, elle a
en même temps la présomption impie de tolérer
que le Tout-Puissant la reçoive, cette adoration!
— La révélation de la création par Moïse, soit
qu'elle soit regardée comme d'autorité divine, ou
comme l'autorité de l'histoire, confirme, dans tous

les cas, la vérité de l'unité ou égalité de l'homme.
— Chaque génération, étant égale en droit à celles qui l'ont précédée, a la même liberté d'agir
et de se reconstituer. — Les pouvoirs de l'homme
cessent avec sa vie. — Les morts n'ont point d'autorité sur les vivants; et l'hérédité de la couronne
est une absurdité ridicule, » etc., etc.

Ce qui suit se trouve, quant au fond, à peu
près d'accord avec le *Contrat social* de Rousseau :

« Les droits naturels sont ceux qui appartiennent à l'homme, en raison de son existence : de
cette nature sont tous les droits intellectuels ou
droits de l'esprit, comme aussi tous ses droits
d'agir comme individu, pour sa propre satisfac-
tion et pour son bonheur, en tant qu'il ne blesse
pas les droits naturels d'autrui. Les droits civils
sont ceux qui appartiennent à l'homme, en ce
qu'il est membre de la société. Son droit civil a
pour fondement quelque droit naturel existant
déjà dans l'individu, mais dont son pouvoir individuel n'est pas suffisant, dans tous les cas, pour
lui en procurer la jouissance : de cette nature sont
ceux qui ont rapport à la sûreté et à la protection.

« Par cette courte récapitulation il sera facile de distinguer les droits naturels que l'homme conserve en entrant dans la société, et ceux qu'il jette dans la masse commune, comme membre de la société.

« Les droits naturels qu'il retient sont ceux dont l'exécution dépend autant de lui que les droits eux-mêmes. De cette classe sont, comme je l'ai dit, tous les droits intellectuels ou droits de l'esprit : en conséquence, la religion est un de ces droits. Les droits naturels qu'il ne retient pas sont ceux dont l'exécution n'est pas parfaitement en son pouvoir, quoique le droit soit inhérent en lui. Ils ne sont pas suffisants sans le secours de la société. Par exemple, un homme a le droit d'être juge dans sa propre cause ; et tant qu'il ne s'agit que des facultés de l'esprit, il ne le cède jamais : mais à quoi lui sert-il de juger, s'il n'a pas le pouvoir de redresser ? Il dépose donc ce droit dans la masse commune, et préfère la force de la société dont il est membre à sa force individuelle. La société ne lui *accorde* rien : tout homme en société est propriétaire, et tire, de droit, sur la masse commune.

« De ces prémisses on peut tirer trois conséquences certaines :

« La première, que tout droit civil dérive d'un
droit naturel, ou, pour me servir d'une autre expression, est un droit civil échangé ;

« La seconde, que le pouvoir civil, considéré
comme tel, est composé de la *réunion* de cette
classe de droits naturels dont la jouissance n'est
pas parfaitement au pouvoir de l'homme, et qui
conséquemment lui deviendraient inutiles, mais
qui, réunis dans une espèce de foyer, sont utiles
à chaque individu ;

« La troisième, que le pouvoir produit par la
réunion des droits naturels, dont la jouissance
n'est pas directement au pouvoir de l'homme, ne
peut-être employé à envahir les droits naturels
que l'homme retient, et dont la jouissance est autant en son pouvoir que le droit lui-même.

« Nous avons donc, en peu de mots, fait passer
l'homme de l'état de nature à celui de société, et
fait connaître les qualités des droits naturels re-
tenus, et de ceux qui sont échangés pour des
droits civils. »

Ainsi, d'après ces raisonnements, nous voyons que tout le système se base sur les droits intellectuels que l'homme retient, et sur les droits civils qui sont des droits naturels échangés. L'homme a donc le droit naturel d'être juge, et par conséquent d'avoir toujours raison dans sa propre cause; mais il dépose et délègue ce droit, dont son pouvoir individuel n'est pas suffisant pour lui en procurer la jouissance, à la société dont il est membre, et qui devient dès lors le juge infaillible de ses actions. Thomas Paine est d'autant plus inconséquent, qu'il n'est point athée. Il croit en un Dieu créateur; mais il ne lui reconnaît ni le droit, ni le pouvoir de révéler aux hommes la religion dans laquelle il veut être adoré, et de leur enseigner la morale divine qui doit servir de règle à leur conduite. Il porte l'impiété jusqu'à soutenir que la religion est un droit naturel, appartenant à l'homme en raison de son existence, et que la vérité religieuse consiste dans la révélation personnelle faite à la raison de chaque homme. Suivant cette absurde maxime, toutes les religions, quelque contradictoires qu'elles soient, ne peuvent jamais être mauvaises, puisque chacun trouvera toujours la sienne bonne, sans avoir aucun sujet de condamner celles des autres. Au lieu d'une seule, on en verra surgir des millions, sans qu'il en résulte aucun inconvénient, aucune controverse.

C'est par de pareils sophismes qu'on cherche à prouver que les actions des hommes ne seront soumises, ni dans ce monde, ni dans l'autre, au tribunal du souverain juge! La loi civile, dérivant des droits naturels, fournit la seule règle de morale propre à diriger la conduite privée et publique des citoyens !

Thomas Paine s'est borné à donner l'explication théorique de la doctrine américaine, et des principes sociaux adoptés en France en 1791, auxquels l'Europe doit les progrès rapides de sa grande révolution, et les dangers imminents qui menacent encore son avenir.

III

Dès l'instant que l'on aborde la question des droits et des devoirs de l'homme, il est à propos de remonter jusqu'au berceau de la race humaine : Adam ne reçut pas de Dieu le droit de rester éternellement dans le paradis terrestre. L'homme n'apporte pas, en naissant, la certitude de vivre ; il n'est personne qui soit assuré d'une année, d'une heure d'existence. L'enfant arrive, sans sa volonté, sans sa coopération, dans un monde mystérieux ; il est dans son être de même nature que tous ses pareils. Les facultés que les hommes tiennent du Créateur pour vivre, croître et multiplier, confèrent à tous un droit commun de se nourrir des

fruits que la terre produit, et leur infligent par
là l'obligation de travailler pour subvenir aux
besoins indispensables de la vie. Toutefois, les
hommes, quoique de même nature, ne naissent
pas réellement les mêmes, sous le rapport des
qualités personnelles; leur existence présente
des variétés infinies dans le caractère, l'esprit
et la raison. Lorsque la théorie les a déclarés
égaux, elle ne les a pourtant pas rendus tels. Les
hommes seront jugés suivant le mérite relatif de
leurs œuvres, c'est en quoi la justice de Dieu
sera égale envers tous; mais l'égalité parfaite
n'existe nulle part. On ne rencontre jamais deux
hommes parfaitement semblables; les anges ni
les saints ne le sont pas non plus dans le ciel. Le
but évident de la création a été d'établir cette
variété admirable que nous voyons en toutes
choses.

Le sentiment du beau, la conscience du bien,
l'intelligence de l'esprit, ces trois facultés sont
l'origine de nos idées, la source de toutes nos
connaissances acquises; mais, comme ces facultés intellectuelles ne sont pas dégagées du contact des sens, la raison humaine, qui se com-

posé de ces trois attributs, ne jouit pas de la prérogative de connaître la vérité par ses propres forces. Imparfaite de sa nature, et livrée aux caprices de l'imagination, elle fit naître en tout temps un amas d'erreurs scientifiques et religieuses qui ont souvent dominé le monde. L'idéalisme, en détournant les esprits de l'attention observatrice des faits, les a entraînés dans les plus fantastiques et désespérantes utopies. L'abus que les philosophes ont fait de la raison a conduit à l'athéisme, au panthéisme, au manichéisme, au polythéisme, à la déification de la raison humaine. Ces sortes de folies de tout genre, qui deviennent des maladies contagieuses, ne nous enseignent-elles pas que la faculté de déraisonner sur tous les sujets est un triste apanage que l'on ne saurait, sans injustice, contester à l'esprit humain?

Nous observons encore que l'homme n'est point un être indépendant; il appartient au Tout-Puissant; sa destination, son devoir, son droit même sur la terre, sont de passer sa vie à servir, glorifier, adorer son Créateur. Le libre arbitre, qui fait partie des attributions qu'il a reçues en partage, ne le dispense pas de l'obligation d'obéir à la loi naturelle dont le divin Maître est l'auteur, et ne lui confère aucun droit qui puisse l'autoriser à faire un mauvais usage de la liberté de sa pensée et de ses actions.

Le tort a été d'inférer du libre arbitre un droit naturel d'agir chacun suivant son caprice, et d'ordonner en souverain maître sur la terre, comme si Dieu s'était dépouillé de sa puissance pour la remettre entre les mains de ses créatures : c'est ici crime ou folie !

IV

Il se trouve dans l'écrit intitulé: *Des affaires de l'Italie et de l'avenir probable de l'Europe*, un passage remarquable que nous croyons devoir citer, parce qu'il se rapporte au sujet traité dans ce chapitre : « Quelle est la doctrine immuable du catholicisme sur cette matière ? La voici : Le pouvoir est établi de Dieu pour le bien de la société ; lui obéir est un devoir ; lui résister, un crime. Mais ce pouvoir, où est-il ? Dieu l'a-t-il inféodé à une famille ou à une classe de citoyens, ou reste-t-il la propriété indivise de la nation, et celle-ci est-elle libre d'en confier l'exercice à qui bon lui semble, dans les limites et sous les conditions qu'il lui plaît de fixer ? Le catholicisme n'a rien défini sur ce

sujet; seulement ses docteurs et ses écoles se sont généralement prononcés pour la dernière opinion, tant que l'absolutisme monarchique ne les a pas réduits au silence. Aujourd'hui que toutes les constitutions, même monarchiques, consacrent formellement ou implicitement le principe de la souveraineté nationale, je ne vois pas pourquoi les catholiques hésiteraient à reconnaître ce principe, le seul d'ailleurs qui me paraisse théologiquement et philosophiquement acceptable.

« Or, dans le système qui fait la nation premier dépositaire du pouvoir suprême, le gouvernement ne peut être qu'un mandataire responsable et révocable. Digne du respect universel et d'une entière soumission tant qu'il est l'organe des principes divins de la justice et de l'ordre et le fidèle exécuteur des lois nationales, le gouvernement déchoit nécessairement de ses droits dès que, infidèle à ses devoirs, il foule aux pieds le mandat qu'il tient en même temps de Dieu et des hommes. Si, détrônant le véritable souverain et se substituant à l'État, il adjuge à ses fonctionnaires les droits les plus sacrés, les libertés les plus vitales de la nation, celle-ci est certainement en droit de punir une telle félonie. Que l'exercice de ce droit soit sujet à de graves inconvénients, cela va sans dire; mais si l'on ne veut conserver que les droits dont la jouissance soit sans abus, on n'en conservera aucun. . . . .

. . . . . Certes, s'il y eut jamais guerre sainte, sacrée, digne des bénédictions du ciel et de la terre, c'est bien celle qui a pour objet la conservation des principes de la rédemption religieuse et politique du genre humain. »

Quelques explications sur le sens que présentent les principes contenus dans ce passage seront d'autant moins déplacées dans une discussion plus que jamais à l'ordre du jour, que la vérité d'un dogme politique dépend souvent de l'interprétation qu'on lui donne et de l'application qu'on veut en faire.

La théologie catholique admet avec raison un droit national de restreindre, dans de certaines limites, le pouvoir confié à un chef; cette vérité, qui ne peut être mise en doute, ne signifie et ne tend pas à prouver que le peuple est

souverain de la manière dont les doctrinaires
modernes le comprennent. Ce dont il s'agit dans
cette proposition, c'est simplement de faire la
distinction et de fixer l'étendue et la portée des
droits qui appartiennent tant à la nation qu'à
son chef, qui, dans ce système, sont deux parties
contractantes.

Lorsque les docteurs des écoles théologiques
du moyen âge parlaient du peuple, ils enten-
daient par cette expression la société jouissant
d'une organisation régulière, et ne prétendaient
pas que chaque individu participât directement
à la nomination du souverain. Leur système n'é-
tait pas celui du vote universel, du régime représentatif, ni de l'égalité parfaite des droits. Il
est juste de faire cette distinction, pour ne point
assimiler leur doctrine au principe du libéralisme moderne.

Il est indubitable que la nation possède, en
vertu de la loi divine, le droit imprescriptible
de ne point être opprimée par un pouvoir illi-
mité ; il est même dans l'ordre naturel des choses que l'inviolabilité nationale soit efficacement
garantie ; mais de cette doctrine essentiellement

juste et vraie, les juristes en politique déduisent une proposition qui n'y est ni explicitement ni implicitement contenue. Ils ont fait à ce sujet le raisonnement suivant : « Afin que le peuple ne soit point opprimé, il est indispensable qu'il se gouverne par lui-même, suivant sa propre volonté. »

Voulant ensuite répondre à toute objection et donner une explication plausible de cette théorie, ils ont établi pour maxime que « la souveraineté consiste dans l'acte de déléguer l'autorité par le mode de l'élection, et que cette autorité, une fois déléguée, devient à l'instant l'*alter ego*, le remplaçant du souverain, et exerce dès lors un pouvoir indépendant. » Moyennant ce raisonnement, le rationalisme a enlevé à la nation toute existence pour la transformer en une multitude d'individus sans liaison entre eux. C'est d'ailleurs une erreur capitale que de présenter la souveraineté comme une idée abstraite résidant dans le peuple, tandis qu'elle est une haute dignité à laquelle sont attachés la prérogative et le devoir de rendre la justice au nom de la Divinité.

Lors même que le pouvoir est vacant, le peuple ne jouit pas de la plénitude de la souveraineté. L'élection du chef de l'État n'est, dans aucun cas, un acte libre de la volonté nationale. Le peuple n'élève pas sur le pavois, de son plein gré, tel souverain qu'il lui plaît ; mais il est tenu d'accepter l'un des prétendants qui, à divers titres, cherche à s'emparer du pouvoir ou s'en est déjà mis en possession. La nation, que dans le système actuel on suppose premier dépositaire du pouvoir suprême, n'en dispose pas selon son bon plaisir ; car reconnaître un chef est un acte de soumission, un acquiescement, et non un coup d'autorité ; c'est une capitulation plutôt qu'une nomination révocable du premier fonctionnaire de l'Etat honoré d'un titre pompeux.

V

Depuis plusieurs siècles la plupart des publicistes, sans avoir l'intention de s'écarter de la croyance et de la doctrine chrétienne, avaient émis l'opinion que le peuple pouvait, de son propre mouvement, conférer l'autorité et se choisir un ou plusieurs chefs. Cet axiome, admis depuis comme incontestable, ne se vérifie pas et n'a pas lieu dans la pratique. Le choix du peuple, comme il vient d'être dit, n'est qu'un consentement forcé. L'histoire nous fournit l'exemple de plusieurs manières d'acquérir la souveraineté, dont la discussion serait trop étendue pour entrer dans un simple aperçu sur ces questions. Mais on ne peut perdre de vue

que la conquête fut de tout temps un titre va-
lable à la domination, titre qui devient légitime
lorsqu'il est confirmé par une capitulation ou
soumission conventionnelle. Il n'existe pas en
politique de *summum jus* autre que la foi des
traités conclus, qui établit la loi internationale
des peuples. C'est un droit positif, fondé sur le
principe que la providence divine est la régu-
latrice suprême des destinées de l'humanité.

On pourrait sans doute objecter que, le pouvoir passant entre les mains des conquérants,
ceux-ci en font un mauvais usage lorsqu'ils
n'observent pas scrupuleusement les conditions
de ces traités; mais du moins ils admettent, par
la signature qu'ils apposent aux traités, la force
du contrat par lequel ils s'obligent à les respecter. Un droit reconnu devient un élément de
force, un principe de justice. C'est pourquoi ce
qui a existé jusqu'ici, ce qui ne peut être aboli
ni changé, restera à l'avenir la meilleure garantie d'une paix durable.

Cependant rien n'est éternel et parfait ici-bas;
la diplomatie plaidera sans cesse la question de
droit, mais les armes, *ultima ratio regum,* se-

ront souvent appelées à juger et décider plus tard. Dieu même n'a pas défendu la guerre à ses enfants, il exige seulement qu'elle soit juste; et, dans sa sagesse infinie, il a voulu l'établir comme un préservatif contre les vices corrupteurs que l'oisiveté, la mollesse et le luxe entraînent à leur suite.

RÉSUMÉ ET CONCLUSION

Cet écrit, qui ne flatte aucun des partis que les révolutions ont fait surgir, qui désapprouve les illusions doctrinaires, et n'aperçoit le salut du monde que dans le retour à des institutions sociales plus sages, n'est au fond que la voix dans le désert, une espérance placée dans l'avenir. Les folies de la presse ont rendu les peuples ingouvernables. Si l'on résumait les millions d'écrits politiques publiés depuis quatre-vingts ans, on trouverait dans cette polémique littéraire la cause et la matière des révolutions subséquentes qui se modelèrent sur leurs divers principes. Après tant de tristes déceptions, la politique, trop entichée de préjugés, se berce encore de vaines illusions. Ce qui prouve la vérité de cette assertion, c'est le plan chimérique qu'on a conçu de vaincre la démocratie par la démocratie, l'esprit révolutionnaire par l'esprit pacifique de la famille, l'irréligion par l'indifférentisme, par la tolérance en matière de religion et par la liberté des cultes et du prosélytisme.

Les constitutionnels se flattent que le peuple plus instruit acceptera, avec le temps, la position que la nécessité lui impose, et qu'il deviendra un jour le plus ferme appui du gouvernement représentatif. Les mœurs démocratiques, introduites par les institutions, présentent une image trompeuse de l'égalité des citoyens, et entretiennent cet esprit d'insubordination, de rénitence, de mécontentement, qui a gagné la classe nombreuse du prolétariat. Le danger de l'Europe gît essentiellement dans cette disposition générale du peuple à se mettre au niveau, à l'égal de la bourgeoisie, et à se soustraire à la suprématie que le *capital* exerce incessamment sur son travail.

L'action seule des gouvernements ne suffit plus à la sainte et difficile mission d'assurer la tranquillité si grandement ébranlée. Il est réservé à la politique conservatrice de préparer le retour à l'ordre par le retour aux idées justes et à des opinions raisonnables. Cette tâche civilisatrice n'est point au-dessus de la sagacité de tant de savants écrivains, puissants par leur éloquence, dès qu'ils se seront dégagés spontanément des liens qui les rattachent encore par quelques fils à la philosophie doctrinaire. Ils ont eu le mérite de combattre beaucoup d'erreurs; mais, pour couronner l'œuvre de la restauration des principes sociaux, il importe qu'ils se défassent des préventions qui les préoccupent, pour faire prévaloir et rétablir les vérités pratiques que l'histoire et la morale religieuse peuvent seuls offrir et donner en exemple.

Le plus important problème de l'époque actuelle est simple à poser en ces termes : « *Donner à la société une organisation conforme à son existence réelle, et déterminer les rapports conventionnels du corps de la nation avec le souverain, empereur ou roi, dans un contrat synallagmatique*

*consacré par un serment réciproque et solennel,
prêté dans la cérémonie du couronnement.* » Trouver la meilleure solution possible de ce problème complexe peut devenir l'objet de recherches utiles, à l'effet de sortir de la perplexité dans laquelle l'indéfinissable démocratie moderne a jeté la société, et en vue de fonder une monarchie tempérée par la sagesse des institutions les plus convenables au principe et à la forme de ce gouvernement. La nation, reconstruite à nouveaux frais sur cette base solide, forme une aristocratie naturelle, forte par l'union et le nombre de ses membres, puissante par sa coopération dans les mesures relatives aux finances de l'État, et par l'autorité qui, dans ce système, peut être remise sans inconvénient aux conseils municipaux, en tout ce qui concerne l'administration locale et la police intérieure des villes. C'est, du reste, à la conscience et à la prudence du monarque qu'est confié l'exercice des droits qui constituent les parties intégrantes, inséparables de l'autorité souveraine, parmi lesquelles figurent le commandement des armées, la police générale, la direction des affaires étrangères et la

conclusion des traités diplomatiques; de cette manière peuvent être conciliés les droits respectifs du souverain et de la nation.

En définitive, une bonne solution du problème social et politique, tel qu'il vient d'être proposé, est le seul moyen de mettre un terme à cette omnipotence des gouvernements qui a été le fruit des deux écoles modernes en Europe : le parlementarisme représentatif et la monarchie pure.

L'ère des Césars peut être considérée comme une transition devant amener un jour un régime de monarchie tempérée qui, constituée sur des bases et des lois sages, trouve un ferme appui dans l'attachement des peuples.

FIN.